잠시 멈추고 숨을 쉬어도 돼

공황장애 1년에 작별을 고하는 담담한 고백과 묵상

잠시 멈추고 숨을 쉬어도 돼

글·그림 초롱

규장

고난이 유익이었노라고...

"고난이 축복입니다." 나는 이 말을 무척 싫어했다. 무기력증과 공황으로 버거운 하루를 시작할 때에는 이런 말이 은혜가 아닌 상처였기 때문이다. 많은 매체를 통해 소위 신앙생활을 잘하는 사람들의 이야기를 들을 때마다 무너져 있는 나 자신과 수없이 비교하며 더 깊은 좌절감에 빠지곤 했다. 그 마음을 너무 잘 알기에 이 책을 쓰기로 마음먹었다.

자신의 아픔과 밝지 않은 과거를 드러내는 것은 결코 쉽지 않다. 그러나 크리스천 웹툰을 연재하기 때문에 앞서 말한 '신앙생활을 잘하는 사람'의 이미지를 가지고 있는 크리스천 웹툰 작가가 사실은 공황으로, 심각한 무기력증으로 고통받았다는 것, 그리고 그 속에서 기독교란 무엇인지, 하나님은 어떤 분이셨는지 솔직하게 나누고 싶었다. 기독교 문화 사역자로 활동하면서 나의 아픔으로 기독교의 문턱이 높게 느껴졌던 순간, 나와 같은 고민을 하는 사람들이 있다면 그 분들에게 이 책이 도움이 되길 바란다. 하나님을 사랑해도 그런 시간들이 찾아오기 마련이라고.

나의 커피를 챙겨주시는 하나님

2년 전 책을 출간한 이후 그 사이 팔로워도 늘었고 많은 분들이 응원해주시고 가끔 선물을 보내주시기도 했다. 특히 커피를 많이 보내주셨는데, 나에게 '커피'란 하나님 사랑의 표시였기에 무척 감사했다. 추웠던 겨울, 선교지인 독일에 있을 때 돈이 한 푼도 없어 하루는 떨어진 동전이 없는지 땅을 두루 살피며 걷던 날이 있었다. 밥순이인 내가 하루에 빵 하나로 버티며 걸어 다니는 일정이었는데, 1유로라도 줍게 되면 빵 하나를 더 살 수 있었기 때문이다.

그렇게 차갑게 얼은 바닥을 살피며 걷는데 하나님께서 이런 마음을 주셨다. '넌 하나님의 자녀이다.' 순간 주님이 자녀 된 자에게 주신 권세에 대한 말씀이 떠오르며 이런 모습을 기뻐하지 않을 것이라는 마음을 알게 되었다.

이후 호주로 돌아와 생활하며 2천 원짜리 커피가 무척 먹고 싶을 때에도 반드시 기도하고 하나님께 물었다. 한국의 삶도 그렇지만, 선교지에서 선교사의 돈은 하나님의 것이기 때문에 재정에 있어서 작은 것 하나도 주님께 묻고 또 물었다. 대부분의 대답은 'No'였지만 전처럼 돈을 구걸하는 마음은 없었다. 'No'라고 말씀하실 때에도 응답해주시는 하나님께 감사했다.

그러던 어느 날, 예배 중에 하나님께서 "초롱아, 내가 네 커피는 책임진다"라고 하시는 따뜻한 음성을 들었다. 누군가에게는 함께하는 시간이, 누군가는 따뜻한 말 한마디가 사랑의 표현이지만 나에게는 커피가 그러했다. 그 후로 지금까지 사무실에도, 카카오톡 선물함에도 커피는 늘 끊이지 않게 가득했다. 만화를 사랑해주시는 분들과 지인들이 커피가 필요할 때마다 선물을 보내주셨다. 그때마다 하나님의 따뜻했던 음성을 떠올린다. 하나님께서는 사소한 것도 기억하시고 챙겨주셨다.

거품이 걷히고 내게 남은 십자가

그런데 웹툰이 많은 사랑을 받고 인지도가 올라가면서 내 안에 보이지 않는 거품이 생기기 시작한 것 같다. 어쩌면 이 거품으로 '믿음 좋은

크리스천'으로 보이기 위해 얼마든지 꾸며낼 수 있는 SnS 시장 안에서 괴물이 되기 전, 하나님께서 나를 광야로 부르신 것이다.

SnS의 힘을 알게 된 나에게 "네가 이 모든 것을 다 잃어도 오직 나만 보겠느냐?"라는 질문에 내가 누려왔던 모든 것과 10년 넘게 연재한 웹툰의 가치도 사라지고 마음속 끈적한 거품들이 싹 걷히고 나니, 남은 것은 단 하나, 십자가였다. 그래서 지금은 말할 수 있다. 고난이 유익이었노라고.

감사하게도 하나님께서는 이러한 나를 여전히 쓰임 받게 하셨다. 2022년에는 작가 연합을 꿈꾸며 크리스천 작가를 후원하는 '월간 굿즈' 프로젝트를 진행했고, 모금 활동과 구제 사역, 그리고 개척교회에 굿즈를 보내는 사역을 꾸준히 했다.

선교사로 있었기에 선교사님에게 재정을 흘려보내는 것이 얼마나 중요한지 알게 되었고, 개척교회의 큰딸로 자랐기에 작은 교회에서 굿즈를 구매하는 것이 큰 부담임을 알기에 매달 개척교회에 굿즈를 보내고 있다. 빈민가 아이들의 마른 손과 볼록 튀어나온 배를 어루만졌던 순간이 있었기에 그 아이들을 후원하는 일에 적극적으로 동참하고 있다.

　나는 이 모든 일을 온전히 감당하며 더 섬기고 싶다. 5,000명을 먹이는 사람이 될 때까지 또다시 언어폭력의 돌을 맞는다 해도 멈추지 않고 주님을 사랑하며 깨끗한 그릇으로 온전히 섬기고 싶다.

　이 책이 작은 위로와 벗이 되어주길

　내가 많이 아팠을 때, 감정의 기복이 심했을 때에도 날 믿어주며 늘 곁에서 묵묵히 함께해준 사람들이 있다. 나의 가장 친한 친구인 나현이, 오랜 친구인 아름이, 그리고 변치 않은 사랑으로 믿고 기다려주는 사랑하는 가족들에게 이 자리를 빌려 깊은 감사를 전한다. 이들의 사랑과 지지, 기도가 있었기에 포기하지 않고 삶을 살아낼 수 있었다.

　예수님을 사랑하는 이들에게도 고난의 시간이 찾아오기 마련이다. 마음의 아픔을 도무지 표현할 수 없어 어느 누구에게도 이해받지 못할 때 이 책이 위로와 벗이 되어주면 좋겠다. 내가 당신의 마음을 알아준다고, 그럴 수 있다고, 그러니 잠시 멈춰서 여기서 쉬어가라고, 마음의 자리를 조금만 내어주어 같이 숨을 쉬어보자고, 그리고 그 시간이 결국 지나갈 것이라고... 꼭 안아주며 말해주고 싶다. 예수님께서 자녀 삼으신 자들에게 사랑은 결국 승리하기 때문이다.

프롤로그

PART 1 깊고 어두운 터널

PART 2 공황에서 회복으로

차례

PART 3 **예수님 믿는 평범한 청년, 초롱**

에필로그

PART 1

깊고 어두운 터널

내가 이렇게 화가 많은 사람이었나

요즘 나도 모르게
순간적으로 가슴에 꽉 차는 분노와
툭 튀어나오는 말 한마디가

순식간에 내 몸과 마음을
지배하려고 한다.

안돼 안돼   이 감정 그대로 둘 수 없어
다스려야지

아직도 화가 나거나 억울한 일을 당하면
어떻게 풀어야 하는지
잘 모르겠다.

교회에서 자라서 그런지
그저
참는 것이 미덕이라 배웠다.

그렇게 내 마음속에
그늘이 생겼다.

지울 방법을 모르는
그늘.

털썩

오늘 또 나를 비난한 사람이 떠올라
필사를 하다가 울었다.

내가 잘못된 건가
그 말을 지우지 못하는
능력이 없는 내 탓인가

울면서 겨우 말씀을 쓰는데
마지막에 이런 구절이 있었다.

우리 주 예수 그리스도와 우리를 사랑하시고
영원한 위로와 좋은 소망을 은혜로 주신
하나님 우리 아버지께서
너희 마음을 위로하시고 모든 선한 일과 말에
굳건하게 하시기를 원하노라

데살로니가후서 2장 16-17절

나에게 하시는
말씀인걸까...

예수님께서 이 아픈 마음을
알아주시면 좋겠다.

만져주시면 좋겠다.

이 그림자를 완전히
지워주실 수 있는 분은 오직
예수님 뿐이기에 ...

슥슥

아침에 일어나 알람을 확인했다. 밤새 개인 SNS 계정으로 몇 번이나 시도한 부재중 영상통화와 함께 메시지가 남겨져 있었다. "작가님, 얼굴 한 번만 보여주세요", "목소리 한 번만 들려주세요", "한번만 만나주세요" 벌써 몇 번째인지 모른다.

1월 1일 새해를 시작하며 "기도 좀 하고 그림 그리세요"라며, 올해 연재를 중단할 것을 권면하는 메시지를 받았다. 사람들은 내가 기도도 안 하고 만화를 그린다고 생각하나보다. 이런 사람이 한둘이 아니었지만 1월 1일부터 이런 장문의 글을 보내다니, 맥이 쭉 빠진다. '초롱이와 하나님' 계정을 운영하는 것이 이토록 대단히 잘못하고 있는 일일까?

모르는 사람에게 DM이 왔다. 이제는 확인하는 게 살짝 두렵다. 역시나 욕설이 담겨 있다. 무조건 그만하라고 한다. 그러면서 당당하게 자신이 신학을 전공한 크리스천이라고 밝히기도 한다. 이분도 내가 믿는 하나님이랑 같은 하나님을 믿는데, 내가 잘못된 걸까? 신학을 전공했다잖아? 내가 정말 잘못 전하고 있으면 어쩌지?

메시지를 확인했다. 또 욕이다. 이번엔 가족까지 찾아서 죽여버린다고 한다. 그 말이 공포로 다가온다. 정말 내 가족을 찾아오면 어쩌지? 나로 인해 우리 가족이 피해를 입으면 어떡해. 욕설과 함께 "네가 뭔데?"라는 말로 내게 분노를 쏟아낸다. 아, 이 사람도 크리스천이다. '내가 이렇게 메시지를 보내는 건 믿음의 시련이라고 생각해'라고 하는 걸 보면.

라이브를 켜고 기부 캠페인 홍보를 하는데 누군가 성적인 메시지를 보냈다. 당황해서 그 계정을 차단하고 방송을 이어간 적이 있다. 노골적인 성적 메시지를 받고 충격과 수치심에 화장실 변기를 붙잡고 구역질을 했다. 충격이 클 땐 눈물조차 나지 않는다. 카톡에 있는 사진과 개인 SNS에 있는 사진을 모조리 지웠다. 역겹다. 공포스럽다.

몇 년째 이런 메시지를 셀 수 없이 받고 있다. 앞으로 얼마나 더 이런 말을 감당해가며 이 일을 해야 하는 걸까? 내가 가진 것은 이 그림 그리는 재능뿐이라 만화를 그려서 주님께 드린 것뿐인데, 그 순수한 사랑만으로는 안 되나보다. 언제 어디서 날아올지 모르는 이 돌을 언제까지 맞아야 하나? 그 사람들 말처럼 내가 사라져주면 되는 걸까?

벌써 새벽 3시가 넘었다. 오늘도 무서워서 잠이 안 온다. 언제 또 자고 일어나지? 내일이 안 오면 좋겠다.

미운 하루

오늘 하루도
내가 꿈꾸지 않는 모습으로
흘러간다.

내가 간절히 하고 싶은 것보다

그래도 가진 것에 감사해야겠지

근데 난 그러지 못해.

그런 내가 한심해.

오늘도 또 이런 하루가,

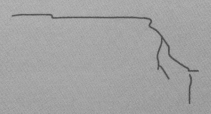

이런 내가 미워.

미운 하루편.끝.

난 언제부터 울고 있었지?

정신을 차리고 보니 깊은 새벽이다.

분명 침대에 누워 자고 있었는데,

지금은 앉아서 이불을 끌어안고 엉엉 울고 있다.

이불이 흥건히 젖었다.

난 언제부터 이렇게 앉아서 불도 안 켜고 울고 있었지?

기억이 나지 않는다. 눈이 퉁퉁 부어 있다. 코도 따갑다.

대체 언제부터 이렇게 울고 있었던 걸까?

캄캄한 지금은 도대체 몇 시인 거야?

힘을 내야 하는데 어떻게 힘을 낼 수 있는 걸까?

'주님이 주시는 힘으로 승리하자!'라고 많이 외쳤는데...

다 알지만 난 그러지 못해.

그런 내가 너무 한심하고 밉다.

이런 내가 뭘 할 수 있을까?

깊은 터널 이야기1

'초롱이와 하나님'을 연재하면서
가장 큰 유혹은 뭐였을까

돈, 명예도 아니었다.
그만두고자 하는 마음이었다.

주님을 만난 후 그 크신 사랑 앞에
무엇을 드릴 수 있을까 고민하다
만화를 그리기 시작했는데

하지만...

SNS를 통해 오랫동안 받아온 비난과

셀 수 없이 많이 받은 욕설,
판단의 메시지

이런 메시지를 보낸 사람들은 모두 크리스천이었다.

그들도 예수님을 믿는다고 하니까
무시하지 못했다.
모두 귀기울여왔다.

그런데 그 모든 말을 받아들여보려고 했던 노력은
괜찮지 않았나보다.

마음이 병들어 어느샌가부터 일상생활이 어려워진
나를 발견하게 되었다.

내 직업이 크리스천 웹툰 작가인데
매일 말씀을 보고 묵상 그림을 그리는데
왜일까.

복음이 점점 희미해져가

나 그동안 진짜 열심히 했거든...
돈 버는 컨텐츠를 만드는 대신
묵상 웹툰을 그리고 나누는 데 올인했는데
남는 게 뭐야?
텅빈 통장? 병든 나?

누군가 만나면
푸념만 늘어놓는 나

그 속삭임은 강력했고
난 영적으로 메말라가고 있었다.

깊은 터널 이야기 2

2021년 3월, '초롱이와 하나님' 계정을 통해
열심히 하던 필사를 잠시 내려놓고

한 달 동안 쉬는 시간을 갖기로 했다.

오랜만에 기대하는 마음을 갖고
2월을 마무리하고 있었다.
그런데...

병원에 가서 검사를 받아보니 의사선생님께서는
당장 수술을 해야 한다고 말씀하셨다.

다행히 모든 일정을 취소했던 터라
바로 수술을 할 수 있었고

몇 주 동안 누워만 있었다.

병원비 청구서를 보는데 현타가 왔다.

몸과 마음은 바닥으로 고꾸라졌다.

그때...

생계를 책임지지도 못하는 웹툰은 이제 그만두고
돈을 벌어야겠다는 생각이 내 머리를 덮쳤다.

이미 만화는 마음속에서 그만두는 걸로 결정했다.

침대에서 누워 있는 내내
당장 할 수 있는 마트 알바를 알아보았다.

　　2020년 한 해를 돌아보니 팔로워 분들과 함께 성경 말씀을 쓰면서 SNS를 통해 하나의 공동체를 만들고, 그 공동체와 함께 말씀을 보며 이웃을 사랑하는 구제 사역을 하는 큰 열매가 있었다. 개인적으로는 혼자 운영하는 계정이 그룹화되어 하나님을 함께 섬기는 일에 열심을 낼 수 있다는 것이 놀라웠다. 많은 단체를 통해 기부를 할 수 있었고, 성경도 잠언과 시편, 마태복음부터 요한계시록까지 전부 함께 필사했다.

　　통로 역할을 하는 '다리'가 나의 사명인 것을 알기에, 위험에 처한 아이들을 돕는 일, 노숙인을 돕는 사역, 개척교회를 돕는 사역 등 열매가 맺힐 때마다 행복하고 뿌듯했다. 물론 "오른손이 하는 일을 왼손이 모르게 하여..."라는 말씀처럼 은밀하게 하지, 나처럼 오픈하고, 모집하고, 흘려보내는 것에 대해 긴 댓글을 올리며 싫어하는 분도 있었다.

사역에 많은 열매가 맺혔지만 내 마음만큼은 보호막 없이 날아들어 온 수많은 크고 작은 돌들로 상처가 났다. 전에는 상대도 예수 믿는 사람이니까, 그리고 나도 예수 믿는 사람이니까 내가 받아들이고 내가 이해하면 된다는 생각으로 계속 걸었다. 하지만 그 돌들이 더 커지고, 더 많아져서 더 이상 상처를 남길 만한 공간조차 없게 되었을 때 나는 필사도, 모든 사역도 다 내려놓고 쉬기로 결정했다.

SNS에 잠시 쉬어가겠다는 글을 남기니 많은 분들이 응원해주셨다. 감사하다는 한마디 말로 내 마음을 표현하기가 부족해서 댓글을 남겨주신 것에 답글도 남기지 못했다. 댓글을 몇 번이나 읽고 또 읽고, 한참 동안 펑펑 울었다.

맞아, 이렇게 응원해주시는 분들도 참 많지. 힘을 내보자. 할 수 있을 거야. 할 수 있어.

그런데 몸 한구석이 이상했다. 피부 안쪽에 덩어리가 생기더니, 점점 커지고 통증이 멈추지 않았다. 덩어리가 손으로 만질 수 있을 정도로 커졌다. 병원에서는 당장 수술을 하는 게 좋겠다며 수술 날짜를 잡아주셨다. 간단히 제거하는 수술이라 큰 병은 아니었지만, 진료를 받고 돌아오는 버스 안에서 마음이 참 헛헛했다.

모처럼 쉬며 자유를 느껴보려고 하는데 일이 이렇게 되어버리네? 내 인생이 그렇지 뭐... 여행도 가고 싶고 하고 싶은 것이 참 많았는데 수술 후 몇 주 동안 누워서 꼼짝하지 못했다. 아무것도 안 하고 웃긴 영상들만 찾아보며 내 안에 괴로움을 애써 잊으려고 했다.

며칠 뒤 수술비 청구서를 들여다보니 생각보다 꽤 큰 금액이었다. 그동안 SNS에 무료로 만화를 연재하다보니 수익구조가 전혀 있지 않은 상태였고, 굿즈 판매는 겨우 공과금만 낼 수 있을 정도였으니 수술비를 낼 돈이 하나도 없었다.

누구는 결혼을 하고, 누구는 팀장에 사장이 되고, 아파트가 있다더라, 연봉이 얼마더라... 그런데 나도 정말 열심히 살았는데 매달 수입이 0원에 가깝다. 현실은 보지 않고 사명만 따라간 걸까? 내가 영리하지 못하고 멍청했나? 매일매일 열심히 웹툰을 통해 사역하며 살았는데, 남은 건 낼 수 없는 병원비 고지서에 스트레스로 머리카

락이 빠져 이마 위에 크게 난 동그라미... 거울에 비친 내 모습이 참 비참해 보인다.

왜 이렇게 멍청하게 살았지? 이 나이에 70만 원 수술비 청구서 하나 해결하지 못하는 내 자신이 부끄러웠다. 돈도 안 되고 건강도 해치고 악플에 시달리며 매일 긴장을 안겨주는 웹툰 대신 마트 알바를 하는 게 내 삶에 훨씬 도움이 될 것 같아.

매일 알바 사이트를 뒤졌다. 웹툰을 그리는 시간에 비하면 알바가 훨씬 이득이다.

계속 상담받으시면서...

네
네..
네 ...

우울증은 10년 전 이미 내 삶에서
영원히 지워진 단어 같았는데

다음주에
또 뵐게요.

멍했다.

기독교에 관련된 모든 일과 관계, 전부 끊자고 생각한 것은

교회를 떠난 사람이 진심으로 이해가 된 것은

언제부터였을까

잘 모르는 기독교인과 한 공간에 있을 때
온 몸에 식은땀이 흐르고 숨막히는 공포심이 생기게 된 것은

믿는 자들의 말의 힘은 정말 큰 것 같아...

몇 년 동안 들어온 나쁜 말이 내 안에 겹겹이 쌓여

기독교인이
무서워지기 시작했다.

목을 조여오는 답답함을 피부로 느꼈다.
그때 깨달았다.

전문가와의 상담은
선택이 아니라
살기 위해 꼭 필요하다고.

그동안 확인하지 않아 가득 쌓인 메일을 체크하다보니, 한국예술인협회에서 예술인 상담비 지원 프로젝트가 있다는 글이 눈에 띄었다. 상담기관을 찾아갈까 생각도 해보았지만, 예전에 방문했던 상담실은 기독교 기관 산하에 있는 무료 상담소뿐이었다. 지금 내 상태라면 무료 상담소라도 찾아가야 했지만, 기독교인과 상담을 한다는 것은 차라리 안 하느니만 못했다.

나는 글을 보자마자 협회에서 요구하는 서류를 제출했고 간절히 연락을 기다려 지원을 받게 되었다. 일반 상담기관에서 1년에 12번, 1회에 8만 원이나 하는 상담비를 지원해준다고 했다. 하늘이 무너져도 솟아날 구멍은 있다는 것이 이런 건가, 전문가에게 도움을 받지 않으면 내 안에 억눌린 감정이 터져버리기 일보 직전이었다.

첫 상담 때 가족과 친구에게도 말하지 못한 과거의 일을 상담사님께 술술 털어놓았다. 상담사님이 기독교인이 아니어서 더 편하게 나눌 수 있었다. 기독교인은 나를 더 편견을 가지고 바라보니까. 나는 그저 교회에 다니는 평범한 예수 믿는 청년일 뿐인데, SNS에 만화를 올려서 공유한다는 이유로 그들은 말로 나를 짓밟고 할퀴고 온 몸에 뜨거운 물을 끼얹듯, 그들의 정죄와 판단으로 나를 덮어버렸으니까.

선생님 제 삶은 회색 같아요. 아침에 일어나면 하루가 너무 막막해요. 제가 뭘 할 수 있죠? 더 이상 뭘 하고 싶은, 뭔가 하고 싶다는 게 도대체 뭐죠? 선생님은 우울증 초기, 그리고 심각한 무기력증이라는 진단을 내리셨다.

괜찮지 않았지만 괜찮았다. 이때까지만 해도 공황은 없었기 때문에... 생각지 못한 장소에 생각지도 못한 사람이 나타나기 전까지는 말이다.

회색빛이었던 올해
무의식적으로 유서를 생각한 적이 많았다.

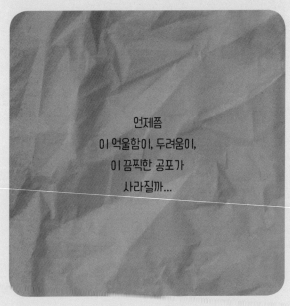

요즘 혼잣말이 늘었다. 혼자서 중얼중얼,

가만히 적어보니 이런 말을 한다.

내가 유서를 쓰게 되면 꼭 그 사람의 이름을 쓰고

그 사람이 한 말 때문에 삶이 너무 괴로웠다고 쓸 거야.

이상하다. 왜 내가 잘못하지 않았는데

내가 온갖 괴로움을 다 떠안아야 할까?

설명할 기회조차 주어지지 않는 삶은 참으로 혹독하다.

그런데 왜 내가 삶을 포기해야 한다고 생각하게 되는 걸까?

이 속삭임은 대체 누구한테서 오는 거지?

선생님, 길을 걸어가는데
누가 제 얼굴에 계란을 막 던져요.

당황스러웠지만... 멈추고 싶지는 않아서
계속 앞으로 걸어갔어요.

그런데 이번에는요... 생각지도 못한 때에

누가 와서 제 뺨을 세게 때리는 거예요.

괜찮아,
하나님을 기쁘시게 하는
일이니까...

내가 사랑으로
품어야지...

욱신

그래야 해

욱신

너무 아팠지만...다시 일어나 걸어갔어요.
전 이 일을 통해 주님을 계속 기쁘게 해드리고 싶었거든요.

그런데요 선생님, 어느샌가 보니

계란이 얼굴에
덕지덕지 붙어 있네
...

일어날 힘이
없네 .. 허허..

얼굴은
퉁퉁 부었고...

제 마음도 많이 다쳐 있더라고요.

전 세상을 향한 문을 닫았어요.

딸깍

다시는 못 열도록 아주 굳게요.

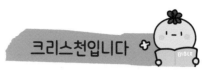

크리스천입니다

내 안에 예수님이 없는 것 같다.

내 안에 예수님이 보이지 않는다.

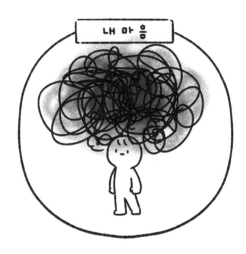

내 마음속 분노와 무기력, 복잡한 것들이 뒤엉켜

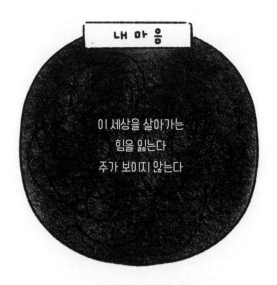

이 세상을 살아가는
힘을 잃는다
주가 보이지 않는다

말씀이 말씀으로 읽히지 않아

기도와 찬양은 언제부터

일상에서 사라져갔을까

그 순간

내가 주 안에 있었고
주가 내 안에
계. 셨. 다.

내가 결코 너희를 버리지 아니하고
너희를 떠나지 아니하리라

히브리서 13:5

기도하면 되지
왜 그러고 있어요?

맞아요. 그 말이 정답이에요.
머리로는 다 알아요.

그런데 그 말이
왜 그렇게 상처가 될까요?

내가 이러고 싶어서 이러는 게 아닌데...

저도 하나님의 뜻을 알고 싶고
이런 깊은 골짜기에서
빠져나가고 싶다고

기도하며 눈물 흘릴 때가 많은데

왜 신앙적으로
무시당하는 느낌이 들까요...

난 마치 그런 노력도
안 하는 것처럼 말이죠

진리의 선포가 필요한 사람이 분명히 있지만

누군가에게는 먼저 위로가,
누군가에게는 그저 곁에 있어주는 것이 필요한데...

사랑이 담기지 않은 그들의 정답이
저에게는 너무 공허했어요.

나도 다 아는 사실인데...
이게 또 나를 죄책감에 빠지게 하고요.

선생님...

하나님을 믿는 사람이
고난에 빠져
헤어나오지 못하는 것

왜 그럴 수밖에 없는지
너무... 이해돼요...

만약 내가 사랑하는 사람이
힘든 시간을 보내고 있다면

이제는 조용히 그 사람을 위해
기도해줄 것 같아요.

누군가에겐 정답보다
위로가 먼저 필요해요.

사랑이요.

"기도하면서 극복하면 되지 왜 그러고 있어요?"

나도 안다. 기도가 정답인걸. 근데 요즘은 기도가 잘 나오지 않는다. 음... 정확히 말하면 기도가 대부분 눈물, 원망, 하소연인 것 같다. 소망이란 단어 자체가 소화가 되지 않는다. 내 삶이 이렇게 캄캄해 보이는데, "하나님!" 하며 절규를 쏟아낼 뿐 기도 후 삶의 모습은 여전히 똑같다. 그런데 어떻게 기도로 극복을 하라는 말이지?

많은 사람들이 SNS를 통해 고민을 나누고 내게 신앙적인 질문을 하기도 한다. 어떤 글은 며칠이고 읽고 또 읽은 후에 신중하게 답변을 한다. 누군가에게는 위로를, 누군가에게는 먼저 말씀을 선포한다. 관계에 대한 이해가 불가능한 텍스트만 보다보니 말씀을 선포하는 것이 가장 옳다고 판단될 때가 많다.

그런데 내 처지를 보니... 마치 정답만 말하는 것 같아서 어쩌면 지금의 나처럼 상처를 받았을지도 모르겠다는 생각이 든다. 그러면 어쩌지, 답을 안 하는 게 나을까? 하지만 답을 안 한다고 욕하는 사람도 꽤 있는데 도대체 어떻게 해야 하는 거야?

　요즘은 사람을 만나도 정상적인 대화가 잘 안 된다. 친구들을 만나면 조심스레 그간 있었던 일들과 함께 내 마음의 고통을 나눈다. 예전처럼 그저 사는 이야기, 일상적인 수다를 떨고 싶은데 그러지 못해 만남이 늘 미안하다. 친구들은 그런 나를 이해해주며 내 곁에서 이야기를 들어준다. 날 욕한 사람에 대해 내가 한 마디도 못하고 다 끌어안고 있으니 친구들이 나 대신 화를 내준다. 듣고 있는데 눈물이 난다. 내가 그렇게 못하는 걸 알고 말해주는 친구들이 그냥 고마워서...

　누군가에게는 진리의 선포가 필요하지만, 누군가에게는 먼저 위로가 필요하다. 마음이 너무 나약해서 힘이 하나도 없을 때는 하나님의 이름을 부를 힘조차 없다. 그들에겐 소망도, 극복도, 스스로 생각해낼 수 없는 단어다. 지금의 나처럼.

메시지

< 107

예수님

보고싶어
기다릴게
이 마음 변함없어

• • •

내 마음은, 진리의 말씀에도, 어떠한 사랑의 메시지에도

응답할 수 없었다. 싫은 게 아니라 그럴 힘이 아예 없다.

소망, 비전, 그런 단어가 버겁다.

믿음이 좋은 크리스천들이 주위에 참 많은데

난 왜 이것밖에 안 될까.

이렇게 자책하고 정죄할 바엔

내가 보고 닿을 수 있는 모든 것을 다 잘라버리고

조용히 교회에 출석하면서 존재감 없이 살고 싶다.

아무도 나를 정죄하거나 판단할 수 없는 세계에 갇혀서.

원인

작가님은 크리스천 웹툰 작가의 비전을
언제부터 품고 기도하셨나요?

앗.. 저 그런 적
없는데요...

기대하시는 대답이 아니어서
죄송합니다...

음... 웹툰을 그리게 된 계기는

주님을 인격적으로 만난 후 순수하게
주님께 뭔가 드리고 싶어서 시작하게 되었어요.

한참 후, 3년 반의 선교를 마치고 귀국했을 때
경력 단절로 취업이 어려워

그 해 〈초롱이와 하나님〉을 출간하게 되고
sns를 통해 웹툰을 계속 연재하다보니

자연스레 기독교 웹툰 작가가
제 새로운 직업이 되어 있더라구요.

예수님을 아는 몇 분이
제가 sns 통해 하는 일들을 엄청 싫어하셨어요.

예수님을 믿는 사람이 하는 말이니까
전 흘리지 못하고 전부 귀담아 들었고요.

믿는 자들이 하는 부정적인 말의 힘은 너무 세서
내 존재 자체가 부정당하는 느낌이었어요.

내가 하는 모든 일도요.

혼자서 잘 참아왔는데 한계가 왔는지
이때부터 시작된 것 같아요.

공황이요.

하나님이 날 버리셨다...

악플과 나쁜 메시지로 인해 상처받은 마음을 상담과 운동으로 어떻게든 극복할 수 있는 힘이 남아 있던 때가 있었다. 온라인 웹툰으로만 활동을 하면 그나마 편했을 텐데, 직접 만나는 대면 드로잉 클래스나, 일러스트 페어에 참가하게 되면서 온라인이 아닌 사람 대 사람으로 만나서 대화하다보니 사생활이 점점 없어지는 것을 체감하고 있었다.

선을 넘는 사람들, 스토킹 하는 사람 등... 그래서 오랫동안 개인 계정을 운영하며 기도해오기를, 배우자를 만나 결혼을 해서 안정적인 가정을 이루는 것이 가장 큰 기도 제목이었다. 내가 결혼을 했다면 적어도 성적인 발언이나 스토킹, 선을 넘는 과도한 관심은 아무래도 덜했을 것 같았다.

그런데 마지막으로 정신줄이 탁, 하고 끊어지는 순간이 있었다. 어느 주일 아침, 엄마한테 전화가 왔다. "초롱아, 너 팬이라는 남자

분이 예배에 참석하신다고 교회에 오셨어. 빨리 와봐!" 심장이 덜컥 내려앉는 것 같았다.

우리 교회는 정말 작은 개척교회여서 목회하시는 부모님, 그리고 사랑하는 동생네 가족, 어린 조카도 교회에 함께 출석하고 있었다. 평소 스토킹을 하거나 과한 관심을 보여도 수업이나 페어, 온라인이라는 경계가 있어 그나마 괜찮았는데 교회에 찾아오다니... '보호'의 벽이 와르르 무너진 느낌이었다.

예배를 드리고 나서 어떻게 찾아오셨는지 여쭤보니 인터넷 기사(김초롱, OO교회)를 보고 검색해서 찾아왔다고 했다. 그동안 가족을 향한 온갖 협박과 욕설에 시달렸던 나는 누군가가 검색을 해서 나와 우리 가족을 직접 찾아올 수 있다는 것에 큰 공포를 느꼈다. 몇 년 동안 하나님께 '보호하심'이라는 이 한 단어를 얼마나 구해왔던가.

그런데 그날 이름 모를 남성분을 교회에서 마주하자 마지막까지 붙잡고 있던 줄이 탁 끊어지는 느낌이었다. 하나님은 결국 내 기도를 들어주지 않으시고 날 보호하지 않으셨어. 하나님이 날 버리셨다. 이때부터 공황 증세가 나타나기 시작했다.

나는 인터뷰 한 모든 언론사에 교회 이름을 지워달라고 요청했다. 그동안 간증 프로그램에 출연하고 인터뷰에 선뜻 응했던 것을 진심으로 후회했다. 온몸에 소름이 끼쳤다. 누군가 원하면 찾아보고 언제든지 다가올 수 있게 되었다니... 집 밖으로 한 발자국도 나가기 싫었다. 나 때문에 교회에 폐를 끼치는 것 같아 괴로웠다. 그렇게 오랫동안 공포심에 떨며 지냈다.

PART 2

공황에서 회복으로

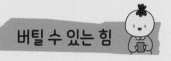

가족에 짐이 되는 게 싫어서.
나까지 엄마에게 걱정 끼쳐드리는 게
너무너무 싫어서.

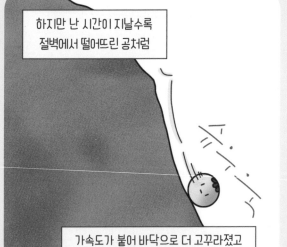

하지만 난 시간이 지날수록
절벽에서 떨어뜨린 공처럼

가속도가 붙어 바닥으로 더 고꾸라졌고

혼자서 견딜 힘이 없어진 나는
처음으로 엄마에게 모든 걸 털어놓았다.

엄마는 한참을 조용히 들으시더니
이런 나를 나무라지 않으시고 위로해주셨다.

딸을 사랑하고 지키고자 하는 엄마의 마음은
내 생각보다 훨씬 단단하고 강했다.

난 그때 지독히 혼자라고 생각하고
두렵고 외로웠는데

나에겐 절대 흔들리지 않는 내 편,
가족이 있었다.

그때부터 난 나를 사랑하는 사람들의 말에만
귀를 기울이기로 마음을 굳게 먹었다

처음으로 부모님께 내 상태를 말씀드린 날을 기억한다. 그동안 내가 어떤 모진 말을 들었는지, 내가 요즘 왜 이렇게 고로워하는지, 멈추지 않는 눈물과 함께 분노 섞인 말투로 나는 미친 사람처럼 하나 하나 실토했다. 그동안 짐이 되기 싫어서 말을 못 했다고 몇 번이고 미안하다고 말씀드렸다. 나는 정말... 부모님께 죄송했다.

어머니는 가만히 들으시더니 내 손을 잡아주셨다. 어머니는 내가 생각한 것보다 더 강하셨고, 절대 나를 버리지 않는 내 편이라는 것을 느낄 수 있었다. 세상 모든 사람이 무서웠을 때 가족의 이해와 위로는 내게 커다란 공포가 폭포수처럼 쏟아지지 않도록 마지막 문을 굳게 닫아주고 지켜주는 버팀목이 되었다. 숨통이 트이는 것 같았다. 그나마 이 땅에서의 삶이 안전하다는 느낌이 든다.

부모님께 자랑스러운 딸이 되고 싶었는데, 이렇게 못난 모습을 보여 미안해요. 미안해요.

회복의 씨앗

공황이 생기게 된 건
사람이 준 상처 때문인데

참 신기하지...
회복은 결국 사람으로부터 시작되었으니 말야.

이는 내 생각이 너희의 생각과 다르며
내 길은 너희의 길과 다름이니라

이사야 55장 8절

관계의 문을 다 닫고 지냈지만 아이러니하게도
유일하게 열어놓은 창구가 딱 하나 있었는데 그건 바로

일러스트 페어였다.

페어에 참가를 할 땐 늘 삶에 활력이 생겼기에

1년 전에 신청한 페어 참가를 포기하고 싶지 않았다.

기대와 달리 코로나 속에 진행된 일러스트 페어는
작가들에게 무척 힘든 4일이었다.

코로나 이전과 비교할 수 없는 관람객 수,
텅빈 부스 앞을 바라보면서 마음이 참 어려웠다.

그리고 혹시나 공황 증상이 나타날까 내내 긴장하기도 했지만

부스가 오픈된 쪽에 배정되어
도와줄 사람이 있을 거라는 안도감에 큰 문제는 없었다.

음... 그 증상이 나타나기도 했지만 딱 한번뿐이었다.

정말 다행이었지.

그렇게 '서일페' 행사를 하고 있는데

생각지도 못한 디엠을 받았다.

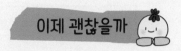

햇살콩 작가님과는 2020년에 필사 때
DM으로 이야기를 나눈 것이 전부였는데

지금 여기에?

두근

두근

우앙..
떨린다..

갑자기 방문해주신다고 하니 깜짝 놀랐다.

그런데 순간 이런 마음이 훅 올라왔다.

작가님 팔로워
엄청 많으시던데...

얼마나 좋을까?

갑자기 올라오는 질투심, 부러움, 시기,

평소에 남을 부러워하지 않는 나인데...
뭔가 이상했다.

주님, 작가님 만남을 앞두고
사단이 제 마음에
악한 마음을 뿌리고 있어요.

주님, 이 마음을
거두어가 주세요.

바로 주저앉아 기도했다.

그러자 주님께서 이런 마음을 주셨다.

초롱아, 네 동생이 햇살콩처럼 잘 되어도 네가 그 마음을 품겠니?

아니요 주님... 내가 가장 사랑하는 가족이라면 너무너무 기뻐할 것 같아요..!

맞아, 우리는 주 안에서 한 가족인데ー!

하나님을 사랑하는 작가님이 잘 되는 것이 나의 기쁨이지!!

작가님 언제 오실까 두근두근

주님께 솔직하게 고백하고 나니
마음속 악함이 순식간에 사라지고 엄청 설레었다.

생각해보니 관람객이 없었던 것이 나쁜 것만은 아니었다.

햇살콩 작가님 부부와 한참을 신나게 이야기했으니까.

그 만남을 계기로 작가님 부부와 교제를 하게 되었는데

새로운 만남에 대한 긴장과 공포로 잔뜩 움츠러들어있던 내가

하나님을 정말 사랑하는 사람들 곁에 있으니
그 사랑이 나에게도 흘러 흘러

꽝꽝 얼은 마음의 문이 조금씩 녹기 시작했다.

절대 무너지지 않을것 같은 공황의 벽...
조금씩 금이 생기기 시작했다.

이제.. 마음의 문을   열어도 될까?

코로나 덕분인지 외부와의 차단은 어렵지 않았다. 집에서 단 한 발자국도 나가지 않고 3주 동안 있어도 별문제가 없었다. 때로는 한 달, 때로는 일주일, 나는 외부와의 차단을 통해 안정감을 찾아갔다.

　　그런데 문제는 코엑스에서 열리는 '서울 일러스트 페어'였다. 작년에 이미 신청하고 부스비를 완납한 상태여서 만일 취소하면 위약금을 꽤 물어야 했다. 돈이 아깝다기보다 서울 일러스트 페어가 나에게 주는 의미가 각별했다. 늘 혼자 작업실에서 고군분투하는 내게는 현장에서 관람객, 참여 작가와 만나며 교류하는 것이 커다란 행복이었다. 나의 나약함보다 작가로 그 자리에 서는 기쁨과 행복이 더 컸기에 마음을 굳게 먹고 일러스트 페어 참가 취소 신청을 하지 않았다.

　　페어 기간 동안 숨 막히는 공포가 한번 찾아왔지만, 웹툰 연재를 진심으로 응원해주시는 분들을 만나는 것은 나에게 큰 용기와 힘을 불어넣어주었다. 세상에는 나를 미워하는 사람들이 있지만, 이렇게 응원해주시고 아낌없는 사랑을 보내주시는 분들도 얼마나 많은지! 처음으로 만화를 그만두겠다는 생각이 바보 같다고 느껴졌다. '초롱이와 하나님' 부스를 방문하려고 일러스트 페어에 왔다고 말씀해주시는 분들을 기억한다. 벅차고 과분하다고 느끼는 사랑이었다. 건네주신 편지를 보며 많이 울기도 했다.

페어 기간 중, 뜻밖의 분께 메시지를 받았다. 햇살콩 작가님이셨다. 딱 한 번의 프로젝트로 메시지를 주고받았을 뿐인데 작가님께서 찾아오신다고 해서 깜짝 놀랐다. 나는 그동안 크리스천 작가님들로부터도 모진 말을 들은 적이 있어서 작가님의 방문이 경계가 되면서도 무척 떨렸다. 평소 좋아하던 작가님이 먼저 찾아주시다니! 작가님이 오실 때까지 가슴이 두근두근했다.

마침 관람객이 거의 없던 때 작가님 부부께서 찾아주셨고, 짧은 대화 가운데 작가님 부부를 통해 하나님의 사랑이 느껴졌다. 이 만남으로 인해 '공황'이 오고 나서 처음으로 새로운 관계의 문을 열게 되었다. 하나님을 사랑하시는 작가님과 대화를 나누며 주님의 사랑이 내 마음속으로 넘치도록 흘러왔다. 예쁜 식당에서 밥을 먹고, 사람이 많은 카페에서 시간 가는지도 모르고 수다를 떨었다. 밖에서 이렇게 평안하게 이야기를 나눈 것이 얼마 만인지, 하나님께서 나에게 괜찮다고 하시며 등을 토닥토닥해주시는 것만 같았다. 사람으로 인해 상처받고 아팠는데, 신기하게도 사람을 통해 치유의 빛이 보이기 시작했다.

하나님께 진심으로 짧게 "주님, 오늘 하루 감사합니다"라고 고백했다.

그는 넘어지나 아주 엎드러지지 아니함은
여호와께서 그의 손으로 붙드심이로다 시편 37:24

이 말씀에 전심으로 "아멘" 했다.

기독교인이기 때문에 이런 내 모습을 보고
스스로 정죄 프레임을 씌운다.

타인도 때론 그 프레임 위에 덧붙이기도 한다.

이런 감옥 같은 일상,
도무지 숨을 쉴 수가 없어 다 내려놓고

제주에 내려가 선교사님 댁에 머무르며
사람이 없는 곳을 찾아 무작정 걸었다.

마치 하나님 사랑처럼
그때도 지금도 변함없이 밀려오는 파도는

나에게 이렇게 말하는 것 같았다.

"네가 이렇게 된 건
네 탓이 아니야"

넌 매일 최선을 다해 살았지
정말 열심히 버텼잖아

그건 주님이 다 아시지

그러니까 잠시 멈춰서 숨을 쉬어도 돼
마음을 조금 내려놓아도 돼

그래도 돼. 괜찮아.

그러니까 나까지...
나를 벼랑 끝으로 밀지 말자

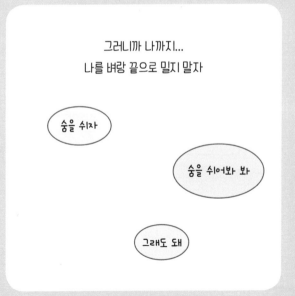

괜찮아, 괜찮아

내가 먼저 내 편이 되어줄게.

아침 9시부터 해 질 무렵까지 하루 종일 걸었다. 하루는 초등학생 아이들이 편한 옷차림으로 동네를 걷고 있는 나를 보고 주민으로 생각했는지 "안녕하세요!"라고 신나게 인사해주었다. 나도 환하게 웃으며 "안녕, 얘들아!"라고 인사했다. 아이들의 밝은 한마디 인사가 긴장으로 가득한 마음을 따뜻하게 녹여주었다.

길을 걷다 박스 안에 "한라봉 팝니다. 돈은 옆 박스에 넣어주세요"라고 적힌 메모와 천 원짜리, 오천 원짜리 지폐가 몇 장이나 들어 있는 상자를 발견했다. 와, 이 동네는 정말 서로 신뢰하나봐. 신기한 마음에 주머니 속 몇 장 남아 있는 천 원짜리를 깨끗하게 펴서 한라봉 한 봉지를 샀다. 봉지를 들고 터덜터덜 걷는데 왠지 모르게 신이 났다. 이렇게 작은 것으로 기뻐할 수 있는데 난 왜 그토록 슬퍼하기만 했나. 괜히 코끝이 시큰해졌다.

제주도에 온 지 일주일이 지났다. 아무 이유 없이 매일 걷고 또 걸었다. 같은 길을 걸어서 어둑해지면 늘 같은 버스를 타고 숙소로 돌아왔다. 때로는 울면서, 때로는 멍하니 밖을 보면서 하루를 마무리했다.

하루는 버스를 타고 큰엉해안경승지를 찾았다. 오늘만큼은 절벽에서 탁 트인 바다를 바라보고 한없이 있다 와야지, 하면서 적당한 자리를 찾았다. 파란 하늘, 눈이 부시게 아름다운 바다. 운동화를 벗고 돌 위에 앉아 멍하니 바다를 바라보는데 눈물이 차고 올랐다.

몇 년 전 이곳에 왔을 때 나는 참 꿈이 많았다. 하고 싶은 것도 많고, 신나는 일들도 많았다. 그때에 비하면 내 삶은 짙은 회색과 같다고 말하던 때였다. '소망'이라는 단어 자체가 떠오르지 않는 무기력증에 허우적대고 있는 현재의 나와 비교하니 가슴이 먹먹해졌다. 그런데 그때나 지금이나 파도는 나를 향해 멈추지 않고 밀려오고 있었다. 마치 하나님께서 나에게 '초롱아, 숨을 쉬어봐'라고 말씀하시는 것 같았다. 그때부터 마음이 무너지기 시작했다. 멈추지 않는 파도와 바람이 마치 하나님의 사랑처럼 느껴졌다.

내가 발랄하고 행복했던 때도, 무척이나 어두워 기록 하나 남길 것 없이 처참하게 지나는 시절이라 해도 하나님께서는 마치 내 사랑은 이 파도와 같아서 네 상황과 상관없이 늘 동일하게 너에게 있단다,라고 말씀해주시는 것 같았다.

엉엉 울면서 하나님께 말씀드렸다. "하나님, 사실 저 무척 힘들어요." 이 말 한마디를 꺼내기가 왜 그렇게 어려웠을까. 하나님 앞에 꺼이꺼이 목놓아 울었다. 사실은 하나님께 가장 먼저 하고 싶었는데 나는 결국 실패한 그리스도인 같아서, 하나님께서 날 버린 것 같아서 하지 못했던 그 말...

"잠시 멈춰도 돼. 숨을 쉬어도 된다. 숨을 쉬자, 숨을 쉬자,
이렇게 된 것은 내 탓이 아니야. 괜찮아."

처음으로 스스로에게 위로를 건네주었다.
어제보다 오늘 내가 덜 미워졌다.

잘 가, 나의 어두운 1년

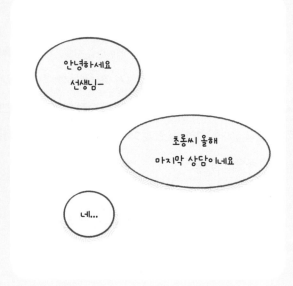

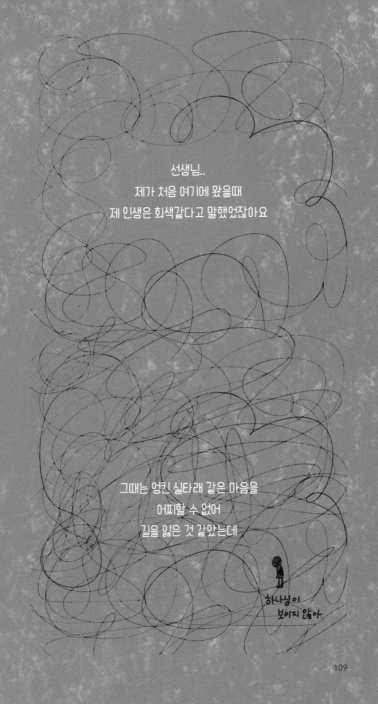

선생님..
제가 처음 여기에 왔을때
제 인생은 회색같다고 말했었잖아요

그때는 엉킨 실타래 같은 마음을
어찌할 수 없어
길을 잃은 것 같았는데

하나님이
보이지 않아

지금은 그 시간을 버텨온 것만으로
충분했다고, 잘 해냈다고
스스로 말해주고 싶어요.

"슥삭"
"슥삭"

하나님은 날
버리지 않으셨다구

선생님, 저 새해가 되면 하고 싶은 것이 생긴 거 있죠?
완전 기적과 같은 일이에요.

몇달전만 해도
무기력증이 심했는데 말이에요

지금 제 마음은
아주 작은 새싹같지만

내년에는 이 싹을 무시하지 않고
누군가 밟지 않게
잘 가꿔보려구요.

이 싹이 꽃으로도, 나무로도 자라지 않는다 해도
누군가 멋지게 잘 자랐다고 해주지 않아도

예수님
감사합니다

스스로 행복해하면서
이 작은 소망을 잘 가꿔갈 거예요.

평범한 하루에 감사하고
내일의 소망이 생긴다는 것,
이 모든 것이
제 삶의 기적이에요.

하나님께서 묵묵히 제 곁에 계셨다는 것을 알아요.
그렇게 사랑 안에서 지난 2021년을 잘 보내줄 거예요.

그동안 정말 감사했습니다.

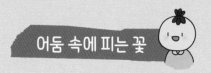

어둠 속에 피는 꽃

서서히 날 찾아온 공황장애...

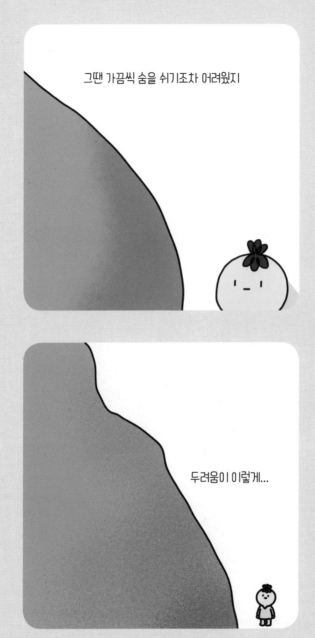

그땐 가끔씩 숨을 쉬기조차 어려웠지

두려움이 이렇게...

넘을 수 없는 산 같았으니까

그때 울면서 붙잡았던 말은

'이것 또한 지나가리라' 였거든

주넘   제발요...

근데 정말 그 말처럼

기적처럼 회복이 찾아오더라

이제 두려움 없이 나눌 수 있을 것 같아

내 삶에 비록 어두움이 드리워졌지만
하나님께서는 그 어둠 속에서
꽃을 피우고 계셨다는 것을,

내 영혼아 네가 어찌하여 낙심하며

어찌하여 내 속에서 불안해 하는가

너는 하나님께 소망을 두라

그가 나타나 도우심으로 말미암아

내 하나님을 여전히 찬송하리로다

시편 43:5

페어를 참가하면서 특별한 일이 있었다.

보통 개척교회 후원금은
sns를 통해 전달받아

그 금액으로 교회에
쌀을 보내드렸는데

어떤 두 자매님께서 부스에 방문하셔서
개척교회에 사용해달라며 후원금을 전달해주셨다.

그동안 페어에 많이 참가해 봤지만...
이런 일은 처음이었다.

재정을 직접 전달 받으니
뭔가... 하나님의 뜻이 있는 것 같았다.

기도를 하자 주님께서는 작가님들의 얼굴을 떠오르게 하셨고

그 작가님들의 굿즈를 사서
개척교회에 전달하라는 마음을 주셨다.

그동안 페어를 하면서 '초롱이와 하나님'이라는 이름 때문인지

저도 크리스천이에요 작가님!!!

우왕!!

자까님.. 🖤

몇몇 크리스천 작가님들께서 먼저 찾아와주셔서
친분을 쌓게 되었는데

어떤 작가님들께는 페어가
참 힘든 시간이었다는 것을 알게 되었다.

이번 페어 진짜
너무 힘들죠...

네...
판매가 안돼서
정말 걱정이에요...

초무룩...

이 길을 계속 가야 하는지 고민할 정도로...

생각해보니...그동안 개척교회에 매달 굿즈를 보내드리고 있었는데

크리스천 작가님의 굿즈를 구입해서
개척교회에 보내면

다양한 굿즈를 더 많이
교회에 보낼 수 있고

작가님들도
도울 수 있는

일석이조

역시 하나님의 생각ㅠㅠㅠ 최고얌...

기도하라고
하셨으니까...

주님
어느 작가님 부스를
방문할까요?

마음을 주시면 즉시 순종! 기도하고 작가님을 찾아갔다.

작까님!!!
저왔어요오오오

작가님의 굿즈를 구입해서
개척교회에 전달하려고요!

작가님~!

그리고 하나님께서 작가님의 활동을
응원하고 싶다는 마음을 주셨어요!!

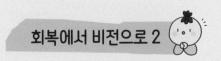

회복에서 비전으로 2

그리고 하나님께서 주신 마음을 서로 나누는데
부스는 눈물바다... 8-8

하나님께서 작가님을
너무 너무 사랑하셔서
울컥 ...

쭈님 ...

성령님께서 나에게도 큰 감동을 주신 순간이었다.

그리고 서일페 때 처음 뵌 둥밍이네 작가님께도

귀여 ...

작가님 혹시
안 계세요?

네 지금
어디 가셔서 ...

굿즈 비용에 맞춰서
챙겨주시면 찾으러 올게요!
아무거나 괜찮아요!

네 네

굿즈를 사서 교회에 전달하고 싶어서 찾아갔었는데

작가님께서는 돈을 그대로 돌려주시고는
큰 박스에 굿즈를 한가득 담아주셨다.

이때부터,,, 일러스트 페어가
단순히 내 그림 홍보나 굿즈 판매가 아닌

① 크리스천 작가님들을   ② 개척교회에 굿즈를
   응원하고   보내는

새로운 사역의 터전이 되었다.

크리스천 작가님 부스를 돌며 굿즈 사는 게
페어 기간 중 중요 일과!!

공황을 겪을 정도로 상처도 많이 받았지만
웹툰을 연재하고 페어에 참가하며

새롭게 품게 된 비전은

하나님을 사랑하는 작가님들이
계속 활동을 할 수 있도록 돕는 통로가 되는 것,

그래서 이 영역에서 하나님께
영광을 돌리는 사람이 더욱 많아지는 것.

그래서 연합을 통해 아름다운 열매를 맺고자
오랫동안 기도하며 '월간 굿즈'를 기획했고

5월
6월
7월

9명의
크리스천 작가가
함께 합니다. ♥

| Romans 8:28 |

크리스천 작가가 함께 성장하며
이 영역에서 하나님나라를 확장해가고 싶다. ♥

날 공포에 휩싸이게 했던, 가장 두려웠던 영역이
주의 은혜로 이제 나의 비전의 터전이 되었다. ♥

보라 내가 새 일을 행하리니
이제 나타낼 것이라
너희가 그것을 알지 못하겠느냐
반드시 내가 광야에 길을 사막에 강을 내리니

이사야 43:19

월간 굿즈

| Romans 8:28

   2022년 9월, 월간 굿즈는 올해 총 5회를 발송하였고, 이제 10월 발송 한 번을 앞두고 있다. 그동안 많은 분들이 후원자가 되어주셔서 9명의 작가들이 지속적으로 굿즈를 제작할 수 있었다. 혼자서 작업을 하다보면 때론 나태해지기도 하고, 때론 재정이 없어 굿즈를 제작하고 싶어도 제작하지 못하는 경우가 있는데 이 프로젝트가 작가들에게 꾸준히 작업할 수 있는 원동력이 되어주었다.

   한 달에 한 번씩 작업실에 모여 굿즈 제작 이야기, 페어 이야기 등 정보를 나누면서 후원자님들께 보내드리는 택배 작업을 했다. 이 프로젝트를 기획하고 작가님 한 분 한 분께 연락을 드리면서 나의 관심사는 작가님들께 현실적인 도움을 드리는 것이었다. 오랜만에 많은 사람들을 내가 거주하는 장소로 초청하는 것이 내겐 무척 버거운 일이었지만, 동역하며 함께해준 작가님들이 계셔서 프로젝트는 잘 마무리되었다.

상담과 운동, 그리고 하나님을 사랑하는 사람들을 통해 조금씩 회복이 시작되고 있을 무렵, 작가님들이 한데 모일 수 있는 지금의 작업실을 얻게 되었다. 작업실은 10년 넘게 기도한 오랜 꿈이었는데, 내가 가장 빛나 보일 때 주실 것 같았던 작업실을 내가 가장 초라해 보일 때 주님께서 선물처럼 마련해주셨다. 너무 감사하게도 동생 부부가 허락해준 방 한 칸에서 굿즈 사업을 시작하게 되었고, 내가 아팠을 때 동생이 전적으로 굿즈 사업을 맡아 진행해주었기에 굿즈를 계속 제작할 수 있었다. 그런데 동생 집의 이사가 결정되면서 작업실을 확장 이전할 것인지, 굿즈 사업을 완전히 그만할 것인지 기로에 놓이게 되었는데, 아버지께서 새벽 기도 중에 "오늘 부동산에 꼭 가라"고 말씀하셨고, 아버지께서 방문하신 그때 시세보다 더 저렴한 좋은 오피스텔을 계약할 수 있게 되었다. 계약할 당시 나는 제주에 있었는데, 아버지께서 오랫동안 기도하고 응답받은 곳이니 너도 응답으로 받고 확정 짓자고 하셨다. 주님께서는 주일 아침 이 말씀을 내게 주셨다.

내가 네게 명령한 것이 아니냐 강하고 담대하라 두려워하지 말며 놀라지 말라 네가 어디로 가든지 네 하나님 여호와가 너와 함

막상 계약하게 되니 현실적인 문제가 물밀 듯이 밀려왔다. 월세와 공과금, 혼자 독립해서 꾸려갈 수 있을지에 대한 두려움... 그때 잠시 생각을 멈추고 바다를 바라보며 크게 소리쳤다. "하나님, 지금부터는 제 감정을 붙잡지 않겠습니다. 무조건 주님께 감사하겠습니다. 작업실을 주셔서 감사합니다! 재정을 공급해주셔서 감사합니다! 공간을 허락해주셔서 감사합니다!" 그리고 1년이 지난 지금 주님께서는 부족하지 않게 재정을 채워주시며 교회 후원 사역, 크리스천 작가 후원 사역 등 크고 작은 사역을 하게 하셨다. 그리고 내 소원이었던 선교 사역 모임 장소로도 쓰임 받게 하셨다.

언제가 회복의 터닝포인트였는지 묻는다면 바다에서 하나님께 크게 외쳤던 순간이다. 나는 그때 정기적으로 상담을 받고 있었고, 갑작스러운 공격에 대비하여 복싱도 열심히 했었다. 불완전하고 가슴 한편에 여전히 공포심이 있었지만 하나님께 무조건 감사하겠다고 크게 소리칠 때 내 안에 담대함이 깊게 자리했다. 그리고 그때 이후로 조금씩 마음의 근육이 자라기 시작했다.

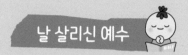
난 지난 몇 달 동안 내가 맘에 들지 않았다.

마음은 늘 생산적인 일에 매달렸지만
몸은 따라주지 않았다.

하나님은 날 한심하게 보시겠지?
나도 이렇게 내가 한심한데...

그렇게 죄책감으로 하루하루를 보내던 중
기독교 뮤지컬 '루카스'를 관람하러 갔다.

담담하게 보던 공연 마지막쯤,
무대 중앙에 작은 관과 십자가가 놓여 있는 장면에서

갑자기 주체할 수 없이 눈물이 흘렀다.

그 작은 관 뒤에 우울증으로 삶을 포기하려 했던
25살의 내가 보였고

끔찍했던 그 시절 주께서 먼저 찾아오셨던
그 사랑이, 십자가가 보였다.

뮤지컬을 보기 전 스스로
무척 한심하게 여기며 나를 미워했는데

극중 배우들이 아이에게 해준 말이

마치 예수님께서 나에게
말씀하시는 것 같았다.

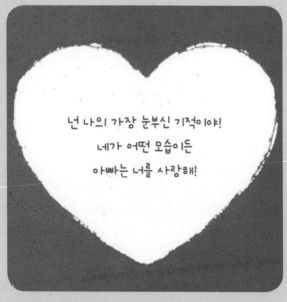

넌 나의 가장 눈부신 기적이야!
네가 어떤 모습이든
아빠는 너를 사랑해!

네가 가진 것 모두 잃고
살아갈 힘이 없어 주저앉았을지라도
하나님은 너를 여전히

· · · · ·
사랑하시네

최악의 순간에 날 외면하지 않으시고
늘 먼저 찾아오신 예수님.

면목이 없어 십자가를 쳐다보지도 못하고
엉엉 울었다.

십자가의 사랑을 마주한 순간
예수님은 나의 깊은 괴로움을
사랑으로 덮어주셨다.

SNS를 하면서 팔로워가 늘다보면 자연스레 누릴 수 있는 것들이 생긴다. 일러스트 페어 때 많은 분들이 찾아와주시기도 하고, 기관이나 업체에서 공연 티켓, 선물을 주시기도 하고, 때론 익명의 후원자께서 힘내라고 재정을 흘려보내주시기도 한다. 고료가 제공되지 않는 플랫폼에서 기독교 콘텐츠를 연재하는 것은 재정적으로 어려움이 큰 것이 사실이다. 하지만 어찌 보면 보이게, 보이지 않게 누리게 되는 혜택도 있다.

지난 몇 년을 돌아보니, 나도 모르게 삶에 거품이 끼기 시작한 것 같다. 만화를 알아봐주시는 분들이 많아지고, 재정 모금을 할 때 어렵지 않게 큰 금액을 모을 수 있게 되면서 신뢰해주시는 분들도 생겼다. 그래서 남들이 뭐라 하지 않아도 주님 앞에서 더 정직하려고 자신을 채찍질하는 경우가 많았다. 그런데 공황장애와 무기력을 겪으며 나는 팔로워의 숫자와 모든 사역, 관계에 대한 거품이 싹 사라지고 내 손에 아무것도 남지 않게 다 버려버렸다. 나는 철저하게 외로웠고 혼자였으며, 지독하게 고립되어 혼자만의 공간에서 절규하며 하나님을 외쳤다. 그 끔찍했던 길고 긴 시간 동안 나를 둘러싼 명예의 거품, 누림의 거품, 기대와 함께 그 기대를 만족시켜야 한다는 거품이 싹 걷히면서 내 삶에 남은 것은 오직 하나, 날 위해 돌아가신 예수 그리스도뿐이었다.

과거의 나라면 상상도 할 수 없는 말이지만, 지금 나는 담대하게 말할 수 있다. 고난이 나에게 유익이었노라고. 그 시간이 없었더라면 내가 SNS 속 괴물이 되었을지 누가 알겠는가? SNS를 하다보면 신앙적으로 얼마든지 자신을 포장하며 팔로워 수를 눈덩이처럼 쉽게 불리는 방법을 터득하게 된다. 하지만 주님은 우리가 예수를 믿되 똑바로, 제대로 믿고 예수님을 전파하길 원하신다. 비록 아프더라도, 돌아가는 것처럼 보여도, 옳은 길을 갈 수 있게 인도하심을 고난이라 명할지라도 그것이 나에게 유익이다.

작은 관 속에 새겨진 십자가를 보았을 때 '생명'이신 예수님을 만났다. 우울증에 빠져 생사를 왔다갔다하던 대학 시절, 하나님께서 나를 살리셔서 두 번째 삶을 허락하셨음을 떠올리며 크신 사랑이 깊게 가슴으로 들어왔다.

내 삶은 이제 십자가밖에 없다.

오직 십자가만이

내 삶의 이유이자

소망이자

푯대이자

전부이다.

공황을 극복할 수 있었던 이유 중 하나는
성경공부였는데

사실 성경공부를 시작하게 된 계기는
'근본도 없는 작가'란 말을 듣기 싫어서였다.

SNS 메시지로 근본 없는 애가
이렇게 묵상 웹툰을 올리는 게

'잘못'이라고 말하는 사람이 종종 있었다.

그 사람들에게 나름 해명해보겠다고

감리교단 목사님이신 아버지께
궁금하거나 부족한 부분은 물어보고 그린다고 해도...

사실 근본 없다는 말
처음 들은 것도 아닌데

들을 때마다 난 늘 얼음이 된다.

내가 잘못 전하고 있는 거면
어떻게 하지?

다시 대학에 가서
신학을 전공해야 하나?

그때 은혜로 다른 교파 목사님을 만나
성경공부를 하게 되었고

오직 말씀, 오직 예수만 바라보았다.

요즘도 근본에 대해, 자격에 대해
말씀하시는 분들이 있다.

BIBLE
고린도전서 1장

나의 백 마디 말보다...
이 말씀을 함께 나누고 싶다. ☺

26. 형제들아 너희를 부르심을 보라
육체를 따라 지혜로운 자가 많지 아니하며
능한 자가 많지 아니하며
문벌 좋은 자가 많지 아니하도다

27. 그러나 하나님께서 세상의 미련한 것들을 택하사
지혜 있는 자들을 부끄럽게 하려 하시고
세상의 약한 것들을 택하사
강한 것들을 부끄럽게 하려 하시며

28. 하나님께서 세상의 천한 것들과
멸시 받는 것들과 없는 것들을 택하사
있는 것들을 폐하려 하시나니

29. 이는 아무 육체도 하나님 앞에서
자랑하지 못하게 하심이라

누구든지 예수님을 전할 수 있다.
능력은 우리 자신이 아닌
우리 안에 계신
예수님으로부터 나오기에...

예수전도단에서 선교사로 네팔, 인도 등 세계 각국을 다니며 사역할 때도, 중국에서 오랫동안 지하교회에 다니며 중국 어린이를 상대로 여름성경학교를 할 때도 하나님을 사랑하는 수많은 선교사님을 만나며 배운 것은 '겸손'이었다. 어린 내가 '우와, 정말 대단하시다'라고 절로 감탄하게 되는 선교사님들은 이름도 없이 빛도 없이 그 땅을 위해 섬기셨고, 야생마 같은 20대 청년들을 맞이하시면서 늘 먼저 '겸손'으로 우리를 대하셨다.

먼지가 풀풀 날리는 네팔에서 완벽하지 않은 영어로 네팔 사람들에게 전도할 때에도 주님은 구원의 열매를 맺어주셨다. SNS나 책으로 공개적으로 나누지 않은 수많은 만남을 통해 하나님께서는 열매를 맺으셨다. 주님은 선교지에 갈 때 "네가 자격이 있느냐?"라고 묻지 않으셨다. "이 땅에 네가 가겠느냐?"라고 물으셨을 때 "예, 제가 가겠습니다"라고 순종했을 뿐이다.

예전에는 자격이 없다는 말을 들으면 붉으락푸르락 화가 나기도 했지만 지금은 오히려 주님께 감사하다. 나같이 자격 없는 사람을 택해주셔서 주님께서 영광 받으실 수 있다니 얼마나 감사한 일인지, 친구들에게 이 말을 할 때는 울컥해서 눈물이 고인다. 내가 얼마나 최악이었는지 나 자신이 너무 잘 알기 때문에, 주님 앞에 감출 것 없이 다 고백했기 때문에, 이런 나를 사용해주셔서 감사할 뿐이다. 진심으로 감사하다.

요즘은 이전에 꾸지 못했던 큰 비전을 가지고 주님께 기도한다. 작은 것이든 큰 것이든 주님께 구하는 것이 더할 나위 없이 행복하다. 웹툰의 주인도 하나님, 굿즈 사업의 사장님도 하나님, 내 삶의 주인도 하나님, 이제 나를 힘들게 하는 일과 사람, 상황으로부터 하나님께서 방패가 되어주실 것이다.

> 여호와는 나의 반석이시요 나의 요새시요 나를 건지시는 이시요 나의 하나님이시요 내가 그 안에 피할 나의 바위시요 나의 방패시요 나의 구원의 뿔이시요 나의 산성이시로다 시편 18:2

아멘.

예수님 믿는 평범한 청년,
초롱

구하라

음…

153

구하는 이마다 받을 것이요
찾는 이는 찾아낼 것이요
두드리는 이에게는 열릴 것이니라

마태복음 7:8

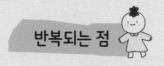

반복되는 점

내 삶은 반복되는 점과 같다.

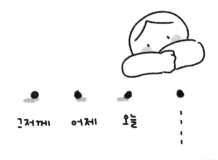

그저께   어제   오늘

미래도 오늘처럼
똑같은 걸까?

오늘도 점과 같은 하루를 살았지만
이 말씀을 붙잡는다.

소망의 하나님이 모든 기쁨과 평강을
믿음 안에서 너희에게 충만하게 하사
성령의 능력으로
소망이 넘치게 하시기를 원하노라

로마서 15:13

성경 아멘...

누군가는 살면서

삶을 포기하고 싶어도

예수님 붙잡고

하루하루를 버티는 사람도

있다고...

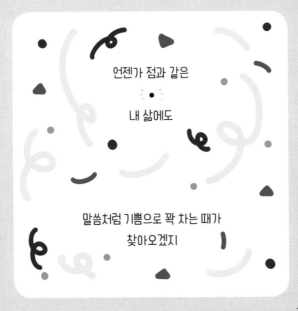

언젠가 점과 같은

내 삶에도

말씀처럼 기쁨으로 꽉 차는 때가
찾아오겠지

그때까지
십자가 꼭 붙들고 주만 바라보자

내가 처음 하나님의 이름을 불렀을 때

내가 처음 예수님을 불렀을 때
그 때를 주님은 기억하실까

예뚜님

하나님

아무리 기도해도
들어주지 않으신다고
화를 냈을 때도

주님은 다... 기억하시겠지

나는 사랑이 늘 들쭉날쭉인데

내 마음

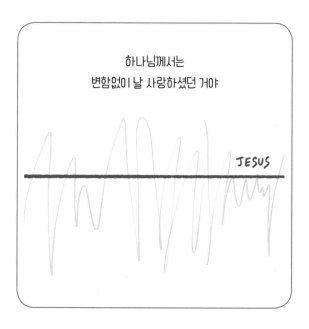

하나님께서는
변함없이 날 사랑하셨던 거야

JESUS

어제도, 오늘도, 내일도...

사랑은 의심하지 않는 것,
나도 더 이상 의심하지 않을 거야

날 향한 하나님의 사랑을...

선택

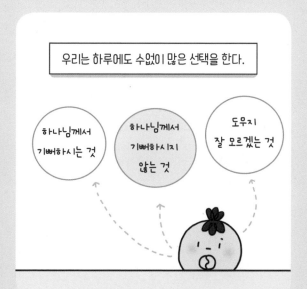

선택을 할 때마다 주님께서

그 길이 맞다!

진짜루...

라고 말씀해주신다면 얼마나 좋을까

아니면...

그 길이 아니다!

오
진짜요?

라고 말씀해주시거나...

하지만 여전히 다듬어져야 할 부분이 많은 나는

주님께서 '이 길이다!' 하시면 이러겠지?

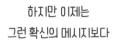

하지만 이제는
그런 확신의 메시지보다

주님과의 동행에 더 초점을 두게 된다.

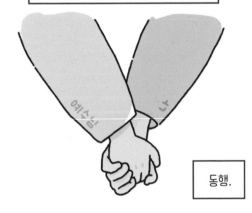

동행.

제일 친한 친구랑 눈빛만 봐도

OK? 고?

OK
고

서로 뭘 원하는지 알 수 있는 것처럼

주님과 깊은 교제 가운데에 주의 뜻이 무엇인지
자연스레 확신을 갖게 되고

주시는 말씀을 붙잡고 한 발을 내딛는다.

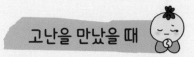

고난을 만났을 때

큰 문제를 마주할 때나
고난의 시간을 지나고 있을 때

문제 앞에서 좌절하여 넘어지기보다

하나님, 이 일을 통해
제가 배워야 할 것이 무엇입니까?
주의 뜻이 무엇입니까?

주님께 묻기.

그리고 내가 앞서기보다
잠잠히 주님의 음성에 귀 기울이기.

그는 넘어지나 아주 엎드러지지 아니함은
여호와께서 그의 손으로 붙드심이로다

시편 37:24

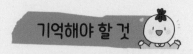

왜 그런지 이유도 모르면서
마음이 조급해질 때가 있다.

세상에서 늘 뒤처지는 것 같고

내가 잘하고 있는지 모를 때도 많다.

× × ×

휴…

주위를 둘러보면
다들 잘 사는 것 같은데

나 이렇게 살아도 되는 걸까?

끝없는 자책...

아차,
난 예수님을 따르는 사람인데

중요한 걸 잊었다.

내가 달리는 경주의 초점은
세상에서 내가 빠른지, 뒤처졌는지의
문제가 아니라

× × ×

예수님을 향해 있는지,
그리고 주님과 나와의 거리가
얼마나 가까운지 아는 것.

잊지 말자.
하나님은 주를 믿는 자녀들의 인생을
세상의 속도가 아닌

하나님의 속도와 길로 인도하신다는 것을.

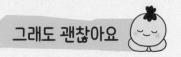

그래도 괜찮아요

친구들이 내 코는 너무 납작해서 예쁘지 않대요.

하지만 난 손이 예쁜걸요?
이 작은 손으로 무엇이든 그릴 수 있어요!

오늘 노래를 부르다 음을 틀려서
친구들이 절 보고 "하하하" 하고 웃었어요.

하지만... 노래를 잘 못해도 괜찮아요.
전 그림을 잘그리거든요!

제가 얼마나 그림을 잘 그리는지
완성된 그림을 보시면 모두 깜짝 놀랄 거예요!

전 모두를 만족시킬 수 없다는 걸 알아요.

하지만 난 모두를 사랑하는
예쁜 마음을 갖고 있어요!

왜냐면...
절 사랑해주는 분이 계신다는걸
알고 있거든요!!

전 완벽하지 않아도 괜찮아요.
모두가 날 사랑하지 않아도 괜찮아요.
전 충분히 사랑받고 있어요. ♥

그가 너로 말미암아 기쁨을 이기지 못하시며

너를 잠잠히 사랑하시며...

스바냐 3:17

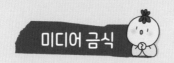

미디어 금식

조금만 보고
자야지...♡

30분만...

헐 대박
여기까지만
보고...

혼자만의 시간

내일은 일찍 자고
QT해야지
내일.. 꼭..

미디어도
금식이 필요해

유혹을 피하는 방법

유혹을 피하는 것은 비겁한 것이 아니라
지혜입니다.

왜냐하면 그것은 하나님을
경외하는 것이기 때문입니다.

STOP

피하지 않은 책임은
나에게 있습니다.

<그리스도인의 풍성한 삶-7단계> 중에서
(예수전도단)

사람이 감당할 시험밖에는
너희가 당한 것이 없나니
오직 하나님은 미쁘사 너희가
감당하지 못할 시험 당함을 허락하지 아니하시고
시험 당할 즈음에 또한 피할 길을 내사
너희로 능히 감당하게 하시느니라

고린도전서 10:13

'초롱이와 하나님' 웹툰을 연재하면서 종종 이런 메세지를 받습니다. "작가님, 야한 동영상을 끊기가 너무 어려워요. 죄라는 거 저도 너무 잘 알아요. 하지만 끊기가 너무 어려운데 어떻게 하죠?" "작가님, 저는 술을 너무 좋아해요. 근데 끊기 어렵더라고요. 어떻게 하면 좋을까요?"

얼마 전, 목사님과 함께하는 성경공부 교재에서 이런 글을 보았습니다. "유혹을 피하는 것은 지혜입니다." 저는 이렇게 답합니다. "야한 동영상을 보게 되는 모든 루트를 다 끊으세요. 파일이 있다면 삭제하고, 어딘가 가입해야 한다면 탈퇴를 하거나 어떻게든 방법을 써서 그 길을 차단해야 합니다. 아예 그 유혹이 사라지게 해주세요,라고 할 수는 없어요. 그 산업은 늘 우리 주위에 존재하니까요. 하지만 손을 뻗어서 그것을 집는 행위는 우리가 스스로 선택하는 것이고, 인간은 너무 나약하기에 유혹이 눈앞에 보이지도, 들리지도 않게 해야 죄에서 벗어날 수 있습니다." 그러면 질문할 때와 다르게 대부분 답변이 아주 짧게 돌아옵니다. "넵." 또는 아예 답변이 오지 않기도 하죠.

하나님께서는 자신의 사랑하는 아들을 이 땅에 보내시고 십자가에 매달기까지 하셔서 우리의 죄를 해결하고자 하셨습니다. 죄라는 것을 알지만 습관이 되어 지속적으로 죄의 길에 빠진다면 어떤 방법을 사용해서라도 그 길을 차단해야 합니다. 그리고 주님을 바라볼 수 있도록 믿을 수 있는 기도 동역자들에게 죄를 고백하며 유혹을 뿌리칠 수 있도록 기도 부탁을 해야 합니다.

죄는 은밀하기 때문입니다. 혼자서 죄를 짓는 그 순간에는 마치 하나님도 지금 나를 바라보지 못하시는 것처럼 죄를 짓습니다. 그러나 그 매순간, 하나님은 당신을 안타까운 마음으로 지켜보시고 계실 것입니다. 자신을 솔직하게 바라보아야 합니다. 그 죄를 좋아하고, 즐기고, 버리고 싶지 않아 하는 것은 환경의 탓이 아니라 그것을 너무 사랑하는 나 자신이 아닌지 말입니다.

죄를 피하지 않는 책임은 자신에게 있습니다.

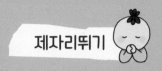

난 왜 제자리 같지?

다른 사람은 나를 빠르게 지나쳐
앞서가고 있어...

고개를 숙여 아래를 보니
마치 러닝머신에서 뛰고 있는 것 같다...

이상해..

이상해..

이 순간에도 사람들은 날 앞서가네

그런데... 고개를 들어 위를 보니

아, 나는 십자가 안에서 달리고 있다.

이상한 게 아니었에!!

제자리걸음을
하는 것 같아 보여도

이게 맞는 거였어...
옳은 길이었어

나를 지나치는 수많은 사람들

그들은 무엇을 위해 저렇게 달리는 걸까?

만약 오늘 두 개의 갈림길에 서 있다면

나는 오늘
어떤 길을 기꺼이 선택할까..?

너희는 이 세대를 본받지 말고
오직 마음을 새롭게 함으로 변화를 받아
하나님의 선하시고 기뻐하시고 온전하신 뜻이
무엇인지 분별하도록 하라

로마서 12:2

사랑해요

예수님!!

사랑해요!

. . .

초롱 초롱

주님 듣고 계신 거
다 알아요!!

잔뜩 험담을 늘어놓은 후
'기도해야지'라는 말로 대화를 마무리하는것은
하나님께서 기뻐하시는 행동일까요?

또한 그들이 마음에 하나님 두기를 싫어하매…
수군수군하는 자요
비방하는 자요

로마서 1:28-30

긍휼이 뭘까

상대방의 아픔이
나의 아픔이 되는 것

그들의 사정이 나의 사정이 되어

돌보아주는 것

하나님 아버지께서 우리를 향해
품으신 마음

긍휼이 풍성하신 하나님...

에베소서 2:4

그러므로 마땅히
우리가 품어야 하는 마음

점점 더 살기 어려워진다고 외치는
세상 속에서

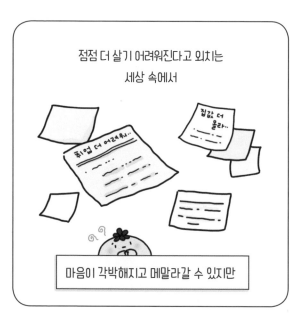

마음이 각박해지고 메말라갈 수 있지만

우리 안에 예수 그리스도가 있기에

주를 닮아 긍휼한 마음이 가득차기를

가까이

감사의 말이 중요하다는 것은
잘 알고 있지만

요즘은 기쁨 없이 습관적으로만 했다랄까

사랑하는 조카들과 함께하는 시간이
얼마나 감사한지, 최고의 행복 중 하나!

와.. 하늘색이랑 구름 봐봐.. 너무 예뻐..

이렇게 예쁜 하늘을 주셔서 넘 감사해 ..♡

이렇게 온 맘 다해
주님께 감사를
고백하면

가 까 이

더 가까이

주님께 더 가까이

진정한 감사가
주님께로 우리를
가까이 이끈다.

삶이란 이런 순간들이 더 크게, 자주 찾아오는 법이지만

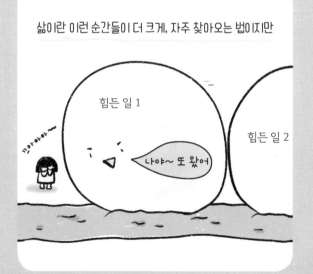

행복과 기쁨이 찾아오는 그 순간을
우리 마음껏 안아주자.

감사해..

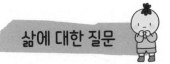

삶에 대한 질문

갑자기 문득,

이렇게 하는 게 맞는 걸까?

나..잘 하고 있는 걸까?

이런 생각에 빠져 허우적댈 때가 있다.

번아웃도 아니고 지친 것도 아닌데...

이럴 땐 어떻게 해야 할까?

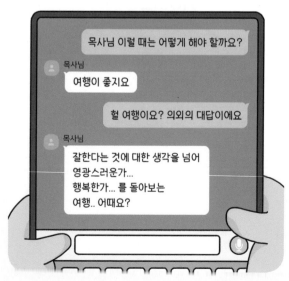

목사님 : 그런데요.. 말씀을 묵상하다보면

잘하고 잘못하고의 질문을 하기보다

이것이 과연

주께 영광스러운가

영광스럽지 못한 것인가

에 대해 질문해야 한다는 것을 깨닫게 됩니다.

왜냐하면

하나님은 우리에게

라고 말씀하신 적이 없기 때문이에요.

하나님은 우리에게
이렇게 말씀하시는 것 같아요.

내가 나의 영광을 너에게 주었다

너는 영광스럽니?

코엑스 한복판에서 드리는 기도

서울 일러스트 페어 셋째날, 오늘은 페어 시작 전에

기도로 시작하는
페어라니

너무 기대된다!

햇살콩 작가님 부스에 먼저 들러
기도로 하루를 시작하면 좋겠다고 생각했다.

열심히 짐을 챙기고
준비했는데

아니 지금 몇 시야?!!

비융

사융

(피곤함을 가리기 위한
최선의 노력...)

지각당첨

주님!!   제발!!

관람객이랑
동시입장하게 생김...

페어 시작 전 보통 작가들은
굿즈, 테이블 정리로 하루를 시작하는데

그래도

가까스로 시작 전에
도착

부스 오픈이 늦어도
기도부터 해야겠어!!

그래서! 입장하자마자 내 부스가 아닌
햇살콩 작가님 부스로 향했다.

그런데...
"하나님" 한마디 하는데
눈물이 뚝뚝...

하나님 한마디 외에는
눈물이 흘러서
말을 더 잇지 못했다.

우리가 서로 진심으로 응원하고
서로 사랑하는 이 연합을

하나님께서 무척
기뻐하실 것 같은
마음이 충만했다.

그동안 페어를 참가하면서 크리스천 작가라 해도
같은 마음으로 서로를 대하지 않는다는 걸
경험으로 깨달았다.

아주 일부였지만
그들의 미움도, 질투도, 경쟁도
고스란히 느껴졌다.

질투와 경쟁이 당연한 곳이라도 (그곳이 어디든!)
우리는 빛과 소금이 아닌가!

나로부터 시작되리!

작가님
부스 홍보

우리는 경쟁 상대가 아닌
주 안에서 하나!
작가의 연합을 소망하며
주님 주시는 마음에 순종했다.

인사 먼저
드리기

개척교회 후원 굿즈 구입하기

그리고 올해,
이렇게 함께 기도하며
코엑스 한복판에서 주님께
이렇게 고백했다.

"주님, 이 자리에서
영광 받으소서!"

메이크업이 다 지워져도
그것은 해피 티얼스 ◊◊

HAPPY TEARS ◊◊

주님!   감사해요!

주 안에 우린 하나,
감사로 가득한 일러스트 페어를
마무리 합니다. ♥

2019년에 처음 일러스트 페어에 참가하여 올해까지 4년 동안 일러스트 페어에 꾸준히 참가했다. 처음 전시에 참가했을 때 현장에서 느끼는 긴장감과 견제, 비교, 질투는 생각보다 강도가 심했다. 나는 페어를 통해 질투나 미움보다 하나님을 사랑하는 작가님들이 서로 응원하고 연합하여 선을 이루고자 하는 소망이 생겼다. 그래서 하나둘 작전을 짜기 시작했다.

페어 현장에 있다보면 조금이라도 더 자신을 홍보하고 더 나은 판매를 위한 치열한 경쟁이 있음을 느끼게 된다. 물론 기독교 콘텐츠도 예외는 아니었다. 그 견제를 보는데 나는 주님의 손이 결코 짧지 않다고 생각했다. '네가 더 팔아서 내 것이 안 팔리잖아'라는 생각보다 '나도 잘 되고, 너도 함께 잘 되자!'가 예수 믿는 우리 안에서 이루어지면 좋겠다고 생각했다.

페어 기간 동안 '초롱이와 하나님' 부스뿐 아니라 많은 기독교 작가님들의 부스를 홍보하고 알리기 시작했다. 전시 기간 동안 부스를 주로 혼자서 지키는데, 다른 크리스천 작가님들의 부스를 일일이 다니면서 인사드리고, 사진 찍고 홍보를 하는 동안 정작 내 부스는 텅 비게 된다. 그래도, 그걸 감안하고서라도 기독교 작가님 부스를 찾아 방문하며 크리스천 작가님들을 홍보하려고 애썼다. 그리고 후원 재정이 들어오면 작가님의 굿즈를 한아름 사서 개척교회에 전달했다. 당장 열매가 보이지 않더라도 씨를 뿌리는 것처럼 매해 열심히 찾아다녔다.

2022년 여름, '서일페'를 하면서 페어가 끝나면 혼자 집으로 가던 발걸음이 월간굿즈 작가님들 부스를 다니며 서로 인사하고 식사도 하는 즐거운 발걸음으로 바뀌었다. 마치 학교 수업을 마친 친구들이 하나둘 모여 수다를 떨며 집으로 가듯 4일 동안 서로 챙겨주는 작가님들이 있어 무척 행복했다.

페어를 마치고 한 기독교 웹툰 작가님께 이런 메세지를 받았다. "처음 만난 날 욕을 먹기도 했었다는 작가님의 이야기를 들으면서 작가님이 오랜시간 묵묵히 그 자리를 견디고 지켜냈기에 지금 같은 마음을 품은 내가 그리고 우리가 기쁨으로 자리를 지킬 수 있었구나 하는 생각이 들었어요! 그 시간들이 굉장히 슬프기도, 외롭기도 하셨을 텐데 그럼에도 묵묵히 지켜주셔서 정말 감사드려요. 작가님과 함께하시는 하나님이 작가님을 통해 또 다른 하나님의 사람들을 세우고 지켜주심이 느껴져 참 든든해요! 앞으로도 오래오래 함께해주세요! 작가님이 하시는 일들을 진심으로 응원하고 기도합니다! 저희 언젠가 또 뵈어요♥"

마더 테레사는 이렇게 말했다. "상처받을 각오를 하고 사랑을 하면 상처는 사라지고 사랑만 남는다." 좌우명인 이 말을 기억하며 때론 상처도 받고, 무시도 당하지만 결국엔 하나님께서 열매를 맺게 하심이 이것이구나 하고 깨달으며. 메시지 하나에 그동안 쌓인 긴장과 아픔이 눈 녹듯이 사라졌다. 일러스트 페어도 사역지가 될 수 있다. 코엑스 한복판에서도 주님께서 영광 받으실 수 있다. 주님께서는 우리 삶의 모든 영역에서 영광을 받으시기에 합당하시다!

우리가 어떤 영역에 있든지, 어떤 자리와 직업, 위치에 있든지 주님께서 열매 맺는 것이 불가능한 곳은 없다. 주님께서 영광 받으실 수 없는 곳이란 없다. 우리의 질문은 "그 자리에서 내가 빛과 소금이 되어 주님께 영광 돌릴 수 있는가? 순종할 수 있는가?" 하는 것뿐이다. 주님께서는 오늘도 그 한 사람을 찾고 계신다.

> 내가 또 주의 목소리를 들으니 주께서 이르시되 내가 누구를 보내며 누가 우리를 위하여 갈꼬 하시니 그 때에 내가 이르되 내가 여기 있나이다 나를 보내소서 하였더니 이사야 6:8

웹툰의 영역에서, 전시와 비지니스의 영역에서 주님, 제가 가겠습니다!

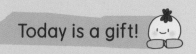
Today is a gift!

해가 바뀌고 나이가 들수록
새 역할이 생기고, 새로운 책임감이 생긴다.

2021

탁탁

경험해보지 못했던 일이기에
아무것도 모르고
모든 것이 새롭고
그리고...

두렵다.

그러나 나의 피난처 되시며
고된 하루의 평안을 주시며

말씀 너무
은혜다..♥

Peace

반복되는 일상에도 소망을 주시며

이 세상 가운데서 나를 보호하시며
나의 방패 되시는 이가
우리 하나님이시다.

여호와여 주는 나의 방패시요 나의 영광이시요
나의 머리를 드시는 자이시니이다

시편 3:3

세 번째 책 원고 작업 중

탁탁   탁탁

작년에 공황을 겪으며 마주했던 감정들...
그때 일기를 정리해
글로, 웹툰으로 엮어 책을 만들었다.

그때 경험과 감정을
공개적으로 나누는 것이......
흐으응 ·· 예상은 했지만 ····

쉬운 일은 아니었어...

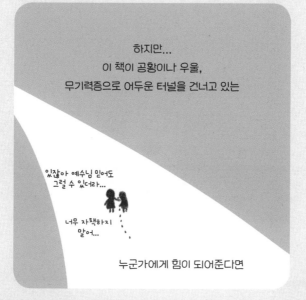

하지만...
이 책이 공황이나 우울,
무기력증으로 어두운 터널을 건너고 있는

있잖아 예수님 믿어도
그럴 수 있더라...

너무 자책하지
말어...

누군가에게 힘이 되어준다면

누군가는
이해받는다 느끼며
작은 소망을 갖게 된다면

이 책, 의미가 있지 않을까?

한 번 더 힘을 내보자-

오래 전 어렵게 나눈 우울증 고백,

그때 선교사님께서 말씀하신
평생 잊을 수 없는 한마디

초롱 자매는
정말 특별한 경험을 했네요.

초롱 자매만이 그 아픔을 겪고 있는 사람을
온전하게 이해할 수 있어요.

하나님께서는
아픈 경험을 그대로 두지 않으시고
아름다운 열매를 맺으실 수 있답니다.

애써 감추고, 버리고,
지워야 한다고 생각한 끔찍한 시절을

하나님께서는 다르게 보고 계셨다고
처음으로 느꼈다.

나를 살리신 하나님께
내 마음을 온전히 드리자

내가 어떻게 보일지 걱정하는
두려움에 맞서자

나를 통해
하나님께서 시작하신 이야기를

하나님께서
마무리 지으실 때까지.

ⓒ 조롱이와 하나님

잠시 숨을 멈추고 숨을 쉬어도 돼

초판 1쇄 발행 2022년 10월 27일
초판 2쇄 발행 2022년 11월 30일

지은이 김초롱

펴낸이 여진구
책임편집 안수경 김도연
편집 이영주 정선경 최현수 김아진 정아혜
책임디자인 노지현 조은혜 | 마영애 이하은
홍보 · 외서 진효지
마케팅 김상순 강성민 허병용   **마케팅지원** 최영배 정나영
제작 조영석 정도봉   **경영지원** 김혜경 김경희 이지수

303비전성경암송학교 유니게과정   박정숙 최경식
이슬비전도학교 / 303비전성경암송학교 / 303비전꿈나무장학회

펴낸곳 규장

주소 06770 서울시 서초구 매헌로 16길 20(양재2동) 규장선교센터
전화 02)578-0003   **팩스** 02)578-7332
이메일 kyujang0691@gmail.com   **홈페이지** www.kyujang.com
페이스북 facebook.com/kyujangbook   **인스타그램** instagram.com/kyujang_com
카카오스토리 story.kakao.com/kyujangbook
등록일 1978.8.14. 제1-22

책값 뒤표지에 있습니다.
ISBN 979-11-6504-382-7 03230

규 | 장 | 수 | 칙

1. 기도로 기획하고 기도로 제작한다.
2. 오직 그리스도의 성품을 사모하는 독자가 원하고 필요로 하는 책만을 출판한다.
3. 한 활자 한 문장에 온 정성을 쏟는다.
4. 성실과 정확을 생명으로 삼고 일한다.
5. 긍정적이며 적극적인 신앙과 신행일치에의 안내자의 사명을 다한다.
6. 충고와 조언을 항상 감사로 경청한다.
7. 지상목표는 문서선교에 있다.

하나님을 사랑하는 자 곧 그의 뜻대로 부르심을 입은 자들에게는 모든 것이 合力하여 善을 이루느니라(롬 8:28)

Member of the
Evangelical Christian
Publishers Association

규장은 문서를 통해 복음전파와 신앙교육에 주력하는 국제적 출판사들의
협의체인 복음주의출판협회(E.C.P.A:Evangelical Christian Publishers
Association)의 출판정신에 동참하는 회원(Associate Member)입니다.